JN437845

나는 흰 벽이다

김금아 시집

문학의전당

自序

시를 쓰는 과정을 통해 나는 나의 내면의 모습과 만나게 된다

나는 다양한 모습으로 변하는 나를 보는 것이 즐겁다

시를 쓰면서 과거의 나와 미지의 나를 만나게 되는 것이다

그 길은 늘 낯설다 그러나 이 낯설음이 무한한 자유로움을 준다

많은 사람이 다니는 길은 아니지만

덤불이 우거진 산 속에서 나의 길을 만들겠다는 생각으로

시를 쓴다

오늘도 또 다른 나를 만나기 위해 미로의 길을 나선다.

| 차례 |

1부

2부

3부

4부

1부

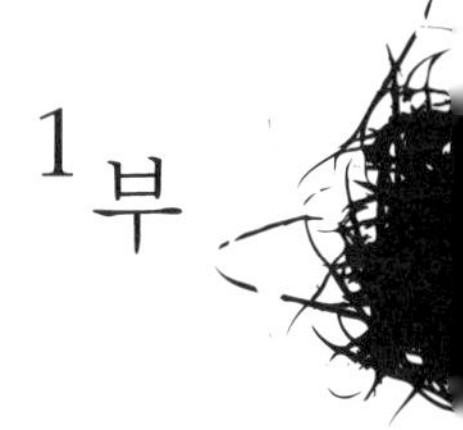

내시경

수중탐사원이 청진기를 두르고
나의 내장 속으로 들어간다.
흰 이빨에 쇠창살이 꽂혀 있고
구강 끝에 헬리콥터가 날고 있다
나의 목젖에 달린 전구 알에서
레이저광선이 뿜어 나오자
물고기 떼들이 역류하면서
입 밖으로 튀어 나온다
유방에 뜬 비행접시가
물보라를 맞으며 부표처럼 떠다니고
하이힐에 달린 광고탑에
드레스 자락이 펄럭인다
수중탐사원이 물안경을 쓰고
내 허리에 달린 힝아리 속을
헤엄쳐 다닌다
나의 눈동자 안으로
사람들이 하나둘씩 모여들어
붉은 나팔꽃을 피워 올린다
남자는 나의 눈알을 빼어
비치레슬링을 하면서
수상스키를 탄다

나의 아침은 끓고 있다

나는 불이 이는 곳을 향해 간다
99번 버스를 타고 고개를 넘는
길목에 손잡이가 달렸다
정류소가 버스를 잡아당기자
차가 비대증에 걸려 있다
버스 안으로 길이 뛰어들고
푸른 빌딩들이 따라 오면서
삼각주를 이루고 있다
고갯마루에 멈춘 버스는
뒷바퀴에서 불을 당긴다
차가 급정거할 때마다
설익은 아침이 바닥에 나뒹굴며
사람들 발바닥에 밟힌다
누가 주워 가기를 기원하는가?
버스는 멈추지 않고
비릿한 스릴을 토해낸다
아파트 숲은 그늘 속에 빠져든다

항아리 안에 든 두루마리
불놀이가 한창이다

돌아서는 나의 등짝에
58개의 발자국이 찍혀 있다

나의 아침은 시뻘겋게 끓고 있다

바다 속의 크리스마스

나는 선글라스를 쓰고 스크린을 본다
가슴팍에 수련 한 송이
꺾어져 피를 흘린다
재킷 단추 구멍에 달린 샤워기에서
바닷물이 쏟아지고
의자 등받이에 그려진 물뱀이
스크린 속으로 기어간다
황토바다가
용소를 이루고 있다
화면 속에 쓰나미가 밀려들고
물살을 타는 방청객들이
파도에 휩쓸려 떠다닌다
어레미들이 화면 속을 유영하며
눈알을 풍선처럼 부풀리는 무대에
알몸의 여자가 첼로를 연주한다
왕눈이 숭어가
주홍빛 지느러미를
등대처럼 치켜들고 있다
부레에 붙은 풍선이
물굽이를 이루고 있다

나는 하이힐을 벗어들고
징글벨 속으로 들어간다

상수리나무가 자라는 선글라스,
둥지에 원앙 한 쌍이 노래하며
나의 모자 밑에서
두 개의 종을 울리고 있다

유체이탈

1
긴 면사포를 쓴 남자가 비스듬히 누웠다
남자는 수탉의 코를 흔들며
아기 사자를 왕관처럼 머리에 얹고 있다
가슴에 여러 개의 가자미 발을 달고 있다
남자의 굵고 튼튼한 창자 속엔
베레모를 쓴 드라큘라가 들어있다
툭 불거진 코뼈를 하얗게 드러내고
이빨을 톱날처럼 세우고 있다
모자 안에 든 방망이를 흔들며
드라큘라는 발바닥을 핥아먹고 있다
용수철처럼 튕겨 나온 창자 끝에
하얀 태아 한 쌍이 행글라이더를 타고
남자를 바라보고 있다
항문 곁의 집게손가락이
황톳빛 남근을 세우고 있다

2
드라큘라의 머리 위에 에스키모 노인이
눈을 감고 있다

오른쪽 볼에 자라고 있는
푸른 나무 한 그루,
왼쪽 얼굴에 박힌 백자 항아리에
불을 피우고 있다
둥근 코를 벌렁거리며 빨강 머리 여자를
창자 밖으로 토해 놓는다.
혓바닥에 살점이 흘러내린다
떨어져 나온 얼굴에
마릴린 먼로의 입술이 달려 있다
이마에 난 손자국 위로
오로라가 일어나자
여자는 코발트 빛 눈망울을 굴린다.
바닥에 커다란 벙어리장갑
여자를 빋쳐 들고 원형계단을 오른나
두 개의 몸이 서로 마주보고 있다

흰 산비둘기 한 마리
두루마리 하늘을 안고 날아간다

모자이크

붉은 유리창에 사거리가 뻗어 있다
거리를 막고 있는 뼈들.
행인이 십자로를 타고
창문 안으로 들어온다.
나는 가로등에
깁스한 다리를 걸어놓는다
긴 장화를 가지런히 걸어두고
붕대 감은 머리도 얹어 놓는다
푸른 옷을 입은 내 몸뚱이는
사거리에 거꾸로 매달린다
내 뼛속으로
유리조각 같은 환영이 꽂힌다
다섯 개의 빵 안에서
기러기가 비행 중이다
동그란 바구니에 물고기 두 마리
여덟 토막을 내며 헤엄치고 다닌다

뼈들이 사거리를 뜯어 먹고
흰 조각만 남아 있다
십자로를 먹고 통통 살이 오른

휘어진 길 따라 어린 예배당이 열린다
목이 달아난 종의 표면에
향기를 잃어버린 꽃이 피었다.
스테인드글라스에 담긴
나의 푸른 제비꽃,

십자가에 무릎을 대고 종을 친다.

명함

마네킹이 회관 앞에 서서
명함을 나눠주고 있다
석고상의 귀에 달린 스피커에서
서울 찬가가 흘러나오고
공중에 나부끼는
플래카드 속으로
고속도로가 뻗어나 있다
로봇이 벽보를 어깨에 두르고
손에 카트를 펼쳐 보인다
벌거벗은 사내가
로봇의 발을 씻긴다
대야에 담긴 발목에
검은 연기가 올라온다.
명함을 든 남자가
배낭 속에 카드를 집어넣고
화살표가 쳐 놓은
그물망을 뚫고 나간다

마네킹이 찢어진 이름표를 밟고
산을 향해 올라간다.

허공에 난 길

산 하나를 벗긴다
집 한 채 마중 나와
묽은 신발을 벗는다.
무덤 여러 채 햇볕을 말리고
길이 들어설 언덕이 없어 망설인다
열린 집마다 쌓인 적막을 벗어
볕을 말리고 있다
구름이 지나며 젖은 발등을 밟는다
늦은 오후가 소스라치게 놀라
억새풀을 태운다
상처투성이 산이 겉옷을 들고
날마다 집을 벗겨 낸다
푸른 손이 능선의 어두운 구석을 뒤지는 동안
다급한 놀개바람이 일렁이고
잠시 정지한 억새풀이
손바닥을 쬐는 햇살을 갉아먹는다
눅눅한 공포가 등성이를 타고
산을 내려온다.

젖은 손바닥 위로
외로운 집이 가고 있다

현금카드

나는 경고판이 붙은 비상구를 들고
엘리베이터를 탄다
잠금장치를 치켜든 판매원이
집게로 백화점 무게를 달아 올린다
사람들은 무게를 떼어 손잡이에 걸어두고
명품코너 밑으로 눈을 접어 둔다
점원이 〈언제나 푸른 것〉 팝송을
비벼 놓는다
음악에 구름이 끼어 있다
구름을 건너 거울 속으로 여자가
에스컬레이터를 타고 내려온다.
빠리바게트 빵집 종업원은
짧은 치마를 팔랑이며
젤이 묻은 인사를 건넨다
나는 짧은 빵을 다섯 개를 사들고
111번 버스 속으로 환승한다
먹물 빛 길이 따라 붙는 창가에
굵은 빗줄기가 비씨카드를 뚫고
발목까지 스며든다.

트럭 위의 청소부

트럭을 세워놓고
남자가 길을 쓸어 담고 있다
나는 트럭 화물칸에 서서
보도블록 곁을 달린다
백미러에 달린 눈이
흔들릴 때마다 내 옷에 달라붙는다.
빌딩이 창문을 흔들며 지나가고
가방에서
땀 빼는 소리가 들린다
사람들은 로봇처럼 서서
목적지를 붙잡고
안내판 속으로 사라진다.
푸른 빛 나는 교통카드에서
파도소리가 아득하게 들려온다
남자의 무릎에 놓인 노트북에서
아기가 옹알이를 하며
휴대폰 속으로 들어간다
나는 동공을 떼어 주머니에 넣는다

은행잎을 털어내던 남자가
깨알처럼 작아진다.

빈집 안에 든 불빛

늦도록 파랗게 졸고 있는 불빛은
골목마다 집을 나와
얼굴만 내놓고 초조하게 서성거린다.
어둠은 끊임없이 가로등을 흔들고 있다
매일 만나는 길바닥은
파 쑥 냉이를 부려놓고
광인인 듯 팔아 달라 소리친다
떨이해 온 봄이
아직 집에 들지 못하고
벗은 길들이 허공을 쳐다보고 있다
허기진 아이같이
손을 내미는 포장마차,
거리마다 빈 수레가 나른하고
집들이 검은 바다 위를 떠돌고 있다
밀물처럼 고여 드는 어둠 속에서
허리띠 졸라맨 골목이
닫힌 창문 앞에서
캄캄하게 졸고 있다

산 속의 창

탁자 위에 놓인 거베라꽃이
창밖으로 고개를 떨어뜨린다
에메랄드 호수가 일렁이는 꽃병에
붉은 산이 들어앉아 있다
용암이 흘러내리는 뜰에서
나는 구름을 베고 누워 선탠을 즐긴다
구름이 만드는 삼각대에서
산발한 사람들이 떠오른다
여우원숭이가 팔을 흔들면서
분화구에 뛰어든다
창문에 기대선 회화나무에
불꽃이 솟아오르자
먹구름이 용트림을 한다
나는 코이브라를 쓰고
꽃병 속으로 걸어간다

하늘을 안은 고산나무가
점차 호수에 빠져들고 있다

자정의 건널목

아치형 문 안에
얼굴이 담긴 종이 걸려 있네
코발트 깃털을 가진 종달새가
노란 부리로 집을 짓고 있네
푸른 놋쇠 잔에
여울이 일렁이고
잉어 한 마리 빨대를 꽂아
푸른 잔을 빨고 있네
지느러미에 달린 동종 안으로
노을이 흐르고
카우보이모자를 쓴 남자가
빠른 걸음을 옮기고 있네
남자들이 대금을 불자
종달새가 머리에 월계관을 쓰고
꽃바구니를 들고 축배를 드네
완두콩의 푸른 눈에 비가 내리네
잎을 흔드는 능소화.
옆구리를 파고 있는 굴삭기에서
열차 달려가는 소리 들리네

백일기도

기도하고 있는 내 손 위에
노란 병아리 한 마리 앉았다
네 개의 손가락 끝에
해바라기가 피어난다.
핑크빛 목도리를 두른 철쭉이
손가락에 불을 붙인다
손등 너머 사막은 노을빛이다
모래사막 주름에 겹겹이 창이 달려 있다
모자이크 창문들이
머리 긴 하늘을 물고 서 있다
주름을 쪼아 먹는 병아리가
날카로운 부리를 세운다
검은 귀를 달고 서 있는 스피크에
애벌레가 기어 나오고
사각 사각 말씀을 뜯는 누에는
노란 항문으로 기도문을 토해낸다

기도하는 집을 들고 다니는
붉은 넥타이를 맨 하나님.
와이셔츠에 핀 철쭉꽃에
나의 두 손을 올려놓는다.

풍차 위의 집

허공에 타원형 빌딩이 떠 있다
풍차가 돌아가는 지붕에는
눈보라가 몰아치고 있다
사람들이 구름 속에서
장보고함을 타고 달린다
구조선을 기다리는 머리 위로
얼음조각이 쏟아진다.
빠지지 않으려는 삿대를 움켜쥔 아우성,
뿔이 달린 토인이
건너오는 사람들을 도끼로 찍어낸다
허우적거리는 사람들을 낚아채는 헬리콥터,
프로펠러가 눈부시다
구름 속에 커다란 꽃게가
빌딩을 움켜잡고 있다
게의 등판에 열두 개의 촛불이 켜지고
사람들이 폭죽을 터트린다.

빌딩이 얼음 바다 속으로 빠져든다.

파장

골목 겨드랑에 어둠이 끼어든다
이빨 빠진 시장바닥에
좌판대가 물구나무서서
젖은 궁둥이를 말린다
남자가 건물 안에서 걸어 나온다.
컴컴한 혓바닥을 빼문 미광상회에
리어카가 가로등을 목에 걸고
눈을 껌벅거린다.
떨이판 위에 앉은 남자는
남은 불빛 두어 덩이 잘라
비닐봉지 속에 말아 넣는다
마지막 목젖을 크게 열어젖히고
불을 매단 빨간 신데렐라 슬리퍼,
나는 슬리피를 끌고 밤을 베이 문다
3친 원짜리 붉은 외등을 이께에 메고
아침나절이 버린 발을 담는다
운동화가 검어지는 골목 안
턱을 내린 산이 도둑처럼 찾아든다

어깨에 기대선 초승달이
길을 떠밀녀 사라진다.

에어프린을 걸친 햇살

여자가 도로에 누워 있다
배 위로 버스가 지나가고
스낵 집 창문에 핏방울이 튕겨 붙는다.
버스 꽁무니에
고양이 눈이 박혀 있다
식탁보 밑에서 남자가
불판에 오른 눈알을 굽는다
천장에 매달린 스크린에서
사이렌이 울려 퍼지고
에어프린 입은 종업원이
카스텔라를 자른다
케이크 위에 손가락 열 개가 꽂혀 있고
남자는 손가락에 불을 붙인다
레인코트를 걸친 석고상이
여자를 안고
앰뷸런스 안으로 들어오자
붉은 해가 알루미늄박스에 잠긴다
남자가 구급상자를 안고
이동침대에 오른다.

사람들은 손에 해를 하나씩 들고
버스 안으로 들어간다.
여자의 머리가 불판에서 불타고 있다

배낭여행

케리어가방 속에
태평양 바다가 출렁인다
오토바이를 탄 슈퍼맨이
쇼핑백을 펼쳐놓고
여행쿠폰을 팔고 있다
폴링튜브를 둘러 맨 사람들은
티켓을 받아들고
선물상자 안으로 들어간다
수평선에 펼쳐진 피치파라솔 위로
무인전차가 달리고
승객들은 가방 뚜껑에서
샴페인 축제를 벌인다
빌딩숲에 매달린 네온사인 불빛이
분수처럼 치솟아 오르고
나는 가슴에 에어백을 두른 채
낙하산을 펼친다

나의 배낭 안에
바닷물이 넘실댄다.

2부

고양이의 방

고양이의 눈망울 속에
방이 들어있다
앙증스러운 문고리에
집들이 매달려 있다
창문마다 은하수가 흘러 혹성이
비눗방울처럼 떠다닌다
벽에 걸린 아크릴 판넬 속에
산이 발갛게 익어간다
나는 몰래카메라를
창에 매달아둔다
베란다에 생선 두 마리가
애처로운 눈빛으로
풍경 속으로 뛰어든다.
바낙을 기어 다니던 아기가
생반에 놓인 장난감 버스를 타고
판화 속으로 달려가고
백자 항아리에 철쭉꽃잎이 쌓여간다

나의 손거울에서
빨간 지붕이 자라고 있다

유리창

나는 오른쪽 눈을 감고 있네
눈에 긴 대나무 피리를 걸어 두었네
피리 위에 비오리 새 한 마리
횃대에 앉았네
눈동자 깊숙이 들어온 남자
긴 머리에 블랙코트를 입고 있네
나의 왼쪽 눈 꼬리로
물고기가 지느러미를 흔들고 있네
눈 위로 솟아오른 젓꼭지가
허공을 휘젓고 있네
이마에서는 손톱이 길게 자라고
손가락 끝에 흰 이빨이 불거져 있네
이맛살에 낀 높은음자리표
사선으로 긋는 강렬한 빛이 흩어지네
커다란 바이올렛 빛 달팽이가
동그라미를 만드네
날카로운 코와 족제비 입을 가진 여자가
턱을 삼각주처럼 세우고 있네
나의 입에 물린 다랑어 한 마리
등판에 아라비아 숫자가 돋아나 있네

콧날에 조가비가 입을 반쯤 열고
도토리 알을 물고 있네
양 볼을 잡고 가로로 서 있는 나의 입술은
서로 다섯 겹씩 포개져 있네
꼭 닫은 입 가장자리에
긴 눈썹이 흩날리네
귀가 떨어져 풍선처럼 떠다니는 곳에
나는 손목을 뽑아 부채처럼 일렁이네
오렌지 빛으로 부채가 흔들거리면
네 개의 귀도 흔들리네
귀는 엷은 블랙으로 덮여 있고
턱에는 푸른 창문이 열려 있네

집

나는 창틀마다 머리를 풀어놓네.
머릿결 따라 검은 레일이 깔리고
정수리에 안테나를 꽂네
철길 따라 보도여행을 가면
이마에 달린 램프 등이 흔들리고
뱀처럼 휘어진 기차가 달려오네.
나의 턱밑에 멈춘 열차,
나는 모노레일 따라 절벽을 오르네
창문마다 눈썹달이 떠 있고
달 속에 나의 까만 눈동자가 굴러다니네.
나는 전선줄에 눈을 걸어놓고
깊은 잠 속으로 들어가네.
파도가 어깨 위로 철썩이며 지나가네
종탑에 불을 달아두고
절벽 아래를 내려다보자
둥근 볼에 호수가 일렁이네.
붉은 망토를 걸친 사공이 노를 저어
내 꿈속으로 올라오네.
귓불 너머 붉은 십자가,
검은 분화구에 불새 떼가 날아올라

종을 치네.
나는 이마를 덮고 있는 아치형 지붕을 지나
탑을 향해 걸어가네.
입 안에 가지런히 놓인 징검다리를 건너
하얀 길,
집으로 가는 길은 아득하네.

붉은 새

나는 허공으로 고개를 들었다
머리 위에 붉은 햇덩이 하나 올려놓은
나의 얼굴은 한때 공동이었다
이마를 바다에 벗겨놓고
뭉개면서 굴리던 햇무리였다
바다로부터 진화해온 얼굴이
모래시계가 흘러가듯
굵고 긴 목이 블랙홀처럼 빠져 나갔다
하늘로 오르던 머리카락은
하수구로 흘러들어 퇴화 중이다
날개를 파닥거리며
퇴화하는 아랫도리는
필사적으로 붉어졌다
다리가 미루나무처럼 길어지고
리본을 단 얼굴이 대롱거린다
허벅지에 단추처럼 달린 장미꽃,
동그란 해를 겹겹이 말아 흩날린다

나의 젖가슴은 반으로 접어
그대 입술에 달아 주었다.

비파나무의 집

나는 벽을 마주하여 흔들의자에 앉아 있다
이젤 위에 놓인 스케치북은
뽀메리니안을 바라보고 있다
거울에 비친 꽃병 너머로
싸리 꽃이 가득 피어있고
챙이 달린 창문에 비친 절구통은
하늘을 담고 있다
갈대가 우거진 창문 밖으로
비파나무가 지붕을 덮고 있다
나뭇가지마다 흰 낮달이 걸렸다
탱자나무 울타리 안에
오리 세 마리가 거울 밖을 향해
모이를 쪼아 먹는다
앞치마를 벗어놓고
오리먹이를 준다
오리들이 내 손바닥 위에
하얀 달을 낳는다
달을 가슴에 품고
거울 안으로 들어간다

꽃병 속에 달이 떠 있다

항아리를 낳는 여자

사내들은 흰 머리칼을 휘날리며
강둑을 걸어간다.
여우의 가면을 쓴 나의 얼굴에
눈보라가 내리치고 있다
내 가슴 위에는
오래된 항아리가 불을 밝힌다
카나리아가 앉아있는 주둥이에는
폭포가 쏟아지고
어깨 위로 백양나무가 줄을 서서
회오리바람을 일으킨다
손잡이가 떨어진 항아리,
성난 바닷물이 출렁이고
돛단배 한 척이 뒤집힌다
나는 돛을 내려놓고 뱃머리에 앉는다
해변에 놓인 나무다리 아래로
파도가 일렁이고
치맛자락 안으로 모래바람이 분다
모래무덤 앞에 커다란 산 그림자,
나는 검은 칼라를 세우고
그림자 속으로 들어간다

두 손으로 항아리를 끌어안고
그림자를 쓸어 담는다
수평선에서 노을이 피어오르면
나는 스케이트보드를 타고
항아리 속으로 빠져든다

골목 안의 초승달

장원갈비집 바비큐그릴 위에서
호주산 젖소가 불타고 있다
수세미 덩굴이 그넷줄을 타고
피시방의 쪽문을 들락거리는 저녁,
상가번영회가 재개발카드를 들고
핑퐁을 타고 있다
미니슈퍼가 차광막을 접고
가로등을 흔들어댄다
전신주에 기대선 광고판 속으로
불타는 노을이 흐르고
사람들을 실은 포장마차가
붉은 강물 위에서 출렁인다.
영양탕 집 플래카드가 펄럭이는 사거리에서
호객행위를 하는 치어리더,
동명 스튜디오가 옷을 벗고
디너쇼를 벌이고 있다
남자들이 사거리를 끌고
까치발로 기웃거린다.

막다른 골목에서 길을 잃은 초승달

빨간 스쿠버를 탄 여자가
달을 싣고 사라진다.

칼 오르프를 들으면서

누런 두렁을 가로질러온 깃발이
길을 만들고
장례 행렬이 지나간다
굵은 삼베옷 자락이
길을 하얗게 불사르고
만장 뒤를 따라 간다
하늘이 무논으로 내려와
초록 신을 신고 앞서고 있다
구름이 물수제비를 뜨며
들러리를 서고
땅거미가 검푸른 사다리를 세우고 있다
항두가가 둑을 넘어서고
마을을 담은 장례 행렬 속으로 가고 있다
삼베 띠를 두른 여자가 손을 흔들고
저물녘에 쏟아지는 붉은 그림자 속으로
한 생명이 걸어오고 있다

가분수 아파트

코발트빛 유리문 속으로
가오리연이 날아오르고
창 넓은 모자를 쓴 허수아비가
흔들의자를 갸우뚱댄다
말 한 마리 묶여 있는 현관에
모자이크 커튼이 드리워져 있고
퍼즐처럼 쌓인 빨간 굴뚝 위로
오렌지색 종이 가루가
물방울을 일으킨다.
나는 열기구를 타고 지붕 위에 내린다
목도리가 걸려 있는 빨랫줄에
멧비둘기는 팔 없는 블라우스를 입고
난간에 목을 걸친다
자루를 뒤집어쓴 여자들의 행렬이
간이 휴게소로 들어가자
도르래를 짊어진 남자가
손목시계를 쳐다보며 모자를 흔든다
남자는 발목이 없다

포클레인이 이빨을 세우고
아파트를 깎아 먹는다

불붙는 달력

불타오르는 방 안에
아이가 벽을 향해 얼굴을 묻고 있다
열쇠꾸러미를 어깨에 걸친 남자가
문을 잠그며 나간다
아이는 주먹으로 문을 두들기며
비명을 지른다
여자가 불꽃 속에 앉아 웃고 있다
벽을 향해 눈덩이를 던지던 아이는
달력 속으로 숨는다
발가벗은 사람들이
줄을 이어 캐비닛 안으로 들어간다.
창가에 선 조팝나무에
낮달이 걸려 있고
방화복을 입은 소방관들이
호수를 허공에 쏘아댄다
불티를 날리는 관객들은
아이스크림을 빨며
불구경을 하고 있다

나는 흰 벽이다

나는 벽에 머리를 걸어둔다
뒤통수에 달린 회전시계 안에
그림자가 바이올린을 켜면서
세 시 방향으로 돌고 있다
눈썹에 눈이 쌓이고
얼음 꽃이 피어난다
형광등이 푸른 날을 세우고
글자를 갉아먹으며
마른기침을 한다
나는 미라가 된 머리에 못질을 한다
사방에 박힌 못 자국에서
빛이 새어나온다
줄무늬 치마로 얼굴을 싸안은 나는
가시가 돋아나는 두상을
푸른 유로스나욕조에 담근나
물방울이 나의 얼굴을
유리구슬처럼 굴리고 다니자
나는 나의 두상을 포르말린에 적셔버린다

가시철망을 적시는 비

사각형 고층 건물에
녹선 철제문이 닫혀 있다
가시철망이 둘린 옥상 위로
기다랗게 솟아나 있는 굴뚝,
네 개의 구멍에서 연기가 피어오른다
회색 건물 아래 휠체어를 탄 여자가
머리를 늘어뜨린 채
눈을 감고 앉아 있다
여자의 하체 밑으로
흰 강물이 흐른다
거미줄이 엉겨있는 지하바닥
푸른 옷을 입은 162번이
일그러진 얼굴로 웅크리고 있다
남자의 머리맡에 놓인
플라스틱 주전자에서
붉은 물이 떨어지고 있다
자루 속에 머리를 드러낸 들고양이가
신발을 물어뜯자
발에서 벌레들이 기어 나온다
남자가 베고 누운 신문조각 위로

회오리바람이 휘몰아치고
흰 물거품이
지하선로에 흘러내린다,

거실에서

여자는 두 개의 집을 들고 앉아 있다
에로이카 안테나가 창문을 열어 놓자
네 개의 달이 떠오른다
숲을 목에 건 액자가
거실 벽에 걸려 있다
올빼미 시계가 불을 켜자
턴테이블이 여름밤의 꿈을 연주한다
백자 항아리에 앉은 두루미
날개에 상현달을 피워 올린다
여자의 발아래
안경을 낀 테이블이 무릎을 꿇고 책을 편다
그림책 속에 튤립꽃이 피어나고
오리목 숲이 꽃병을 든 채
좁은 골짜기로 들어간다.
벽이 길이를 재고 있을 동안
명주나비 한 마리
숲을 흔들어 깨우며 날갯짓하고
다랑어 밭이 가을 속으로 걸어온다

창밖에서 형광등이 춤추고 있다.

걸어가는 문

나는 철제의자 위에 몸을 올려놓는다
심장에서 다이너마이트가 터지고
벽이 떨어져 나간다
천 볼트 전류를 밟고 걸어온
발자국이 캄캄하다
뱉어버린 낱말조각이 닳아서 기울고 있다
천장에 대롱거리는 남자가
유니트체어의 스위치를 올리자
문 안에 스물여덟 개의 발자국이 포개진다.
내가 걸어온 길 위에
뱉어놓은 낱말 찌꺼기들이
라이트를 들고 희망을 질식시킨다
실낱 같은 길을 집어 들고
죽여야겠다고 외친다
나는 눈을 감으며
문 안에서 수십 개의 집이
부서지는 환영을 본다
팽팽한 외줄을 타고 오르내리며
살점을 뜯어먹는 소리에
알맹이 없는 집,
담장 밖에서 문이 깨어지고 있다.

책장 문을 열며

간혀 있던 책들이 일렬로 뛰어 내린다
표지판이 사각 눈을 치켜뜨고
두리번거린다
어둠 속에서 미라로 굳어진 얼굴이
빛을 보자 드라큘라처럼 질려 넘어진다
웅크리고 앉았던 문자가
낡은 지구를 투정하며
불안한 내일을 움켜쥔다.
언어가 껍질을 걷어내며
잃어버린 길목을 더듬고 있다
탕자처럼 헤매던 단어가
마침표를 쥐고 들어오고
깨어진 석고상처럼 나뒹구는 검은 눈망울이
손이 닿으면 퍼즐이 되어 깨어난다
빈집에 남겨진 고요를 주워 담고
나는
마지막 버려야 할 말을 못질한다.

하늘을 날으는 버스

지붕 없는 버스 위에
더블침대가 놓여 있다
부체가 펼쳐진 침상 위로
신부가 롤러스케이팅을 탄다
침대스프링이 올라갈 때마다
연미복 자락에서 폭풍이 불어온다.
창문에 드리워진 커튼이
파도타기를 하면
침대커버에서 프리지아꽃이 피어난다

횡단보도가 맨홀 안으로 빠져 든다
표지판 아래 휘어진 길들이
가로수에 걸려 흔들린다.
검은 장화를 신은 산이 막아서자
여자의 눈 안에서 하늘이 열리고
휠체어를 탄 남자가 내린다
여자의 동공 안으로
붉은 나팔꽃이 피어오른다.

수녀들이 하얀 화분을 들고
타이어 바퀴 속으로 사라진다

카멜레온

깃발이 펄럭이는 망루에
깨어진 지구가 꽂혀 있다
사람들은 미로를 허리에 끼고
훌라후프를 돌린다
유리 옷을 입은 로봇이
커피를 마시며 퍼즐게임을 하고 있다
잔 속에서 출렁이는 다리 아래
해난구조선이
물거품을 일으키며 지나간다
전망대 위에 앉은 비둘기
발목에 돌섬을 매달고 날아오른다
지구본이 돌아가는 슬래브지붕 위로
안테나가 낚싯대를 드리우고
푸른 바다를 끌어당기고 있다
거대한 산 하나가 흰 유리구슬을 달고
캉캉 춤을 추며
해안마다 수선화를 피워 올린다
망루에 달린 망원경에서
퍼즐조각이 쏟아져나와
제8부두로 흘러내린다

등대를 어깨에 걸친 해녀가
방파제에 앉아
그물 안으로 노을을 거두어들이고 있다

3부

바다 위의 우산

우산 세 개가 바다 속으로 걸어간다.
회오리바람이 허리케인을 몰고 와
파도를 일으키고
우산을 돌리며 파도를 타고 있다
나는 타원형 전망대 위에서
선글라스를 끼고 폭풍을 즐긴다
스케치북 아래로
수십 개의 별들이 떨어진다.
물고기들이 거꾸로 매달려
경보기를 흔든다
모자이크 물기둥 위로
파도가 솟구쳐 오르자
지버등이 날개를 달고
해안기슭으로 뛰어든다.
하얀 튜브에 매달린 물방울이
우산 안으로 들어와
소화기의 앵글밸브를 연다
빨간 열감지기에서
재스민꽃이 피어난다
나는 물을 주며
찻잔에 재스민 향기를 따른다

묘비

돌담 처진 공원,
묘비가 나란히 줄을 서 있다
아크릴 십자가가 곁에
남자가 매달렸다
쇠고리에 손이 묶인 남자는
목에 비상조명을 달고 있다
수십 개의 거울이 꽂힌 돌비석,
거울 속으로 숲이 우거져 있고
묘비 위에 둥근 턱을 가진
흰 이빨들이 가지런히 놓여 있다
나는 돌 위에 얼굴을 올려놓는다.
오른쪽 눈 속에 초승달이 떠오르고
눈썹에
산비둘기가 둥지를 틀고 앉는다
나는 적외선 카메라를 이마에 달고
방패연을 띄운다
무덤의 문을 열고 연 꼬리에 등불을 단다
후박나무 아래로
검은 베일을 쓴 남자가
피를 흘리며 오고 있다

나는 하얀 몽돌 위에
나의 석고상을 놓아둔다

욥바 가는 길

푸른 신호등이 걸린 하늘에
독수리 두 마리가
산을 물고 날아간다
얼음 궁전이 우뚝 서 있는 언덕.
양 떼가 밀밭 속을 뛰어다니고
흰 코이프라를 두른 사람들이
줄을 서서 숲길을 오른다
스피커를 든 난장이들이 뒤따라가며
무화과 열매를 따고 있다
앰프 속으로 멧비둘기가 날아가고
눈꽃이 지천으로 피어난다
유리조각들이 박혀 있는 발등,
여덟 색의 무지개가 피어오르고
창문 안에서 빛이 쏟아진다
피아노 건반 위로
병아리가 뛰어다니고.
중앙아시아의 초원이 흘러내린다

독수리가 산을 내려놓는다.
나는 초원을 향해

오선지를 높이 펼쳐놓는다

무화과나무에 별들이 쏟아진다

백미러 안의 바다 5

거울 안에서는 비가 내린다
바다 속에서 청동시계가 울리고
뽀얀 거품이 해변을 적신다
별들이 그물망 안으로 몰려든다
나는 별을 건져 거울 속에 넣어두고
포말 소화기를 열어둔다
아이는 붉은 입술을 오므리며
병을 빨고 있다
병 속에서 상어가
두루미같이 뾰죽한 입을 내밀고
아이를 올려다보고 있다
나는 아기에게 물고기 눈을 달아주고
그물을 쳐 둔다
파도가 산처럼 여러 겹 솟아 있고
머리가 세 개 달린 뱀장어 떼가
이불자락을 들치고 기어오른다.
낚싯줄에 콜라병이 딸려온다

백미러 안의 바다 3

가면을 쓴 장생포생 돌고래가
해변에서 칼춤을 춘다
지느러미를 휘두를 때마다
스킨스쿠버 사이로
검푸른 파도가 갈라진다
나는 물허벅을 등에 지고
등대 위에서 달을 안고 있다
물살에 한쪽 다리를 걸치고
오징어 먹물을 터트려
동그란 회전시계를 그린다.
초침에서 빛이 뿜어져 나온다
나는 바늘 방향 따라
바다 속을 걸어간다
괭이갈매기가 흔들바람을 타고
해초 숲을 누빈다
은색 띠를 두른 인어 떼들이
부레를 부풀려 헤엄쳐 다니며
윈드서핑을 즐기고 있다

나는 상어의 검은 지느러미 위에
달을 올려 놓는다

백미러 안의 바다 1

어시장의 지게차가
냉동상자를 옮겨 놓는다
굴삭기가 빌딩을 찍어내고
미니버스가 골목을 실어 나른다
오목거울 안으로 걸어가던 운전기사가
출고 장을 들고
드라이아이스를 피우며 나온다
나는 옥상 위에 팔레트를 올려놓고
햇살을 파서 상자에 담는다.
흰 구름이 넘쳐난다
철모를 쓴 안전요원의 얼굴에
바다갈매기가 날아들고
가면을 쓴 중개인이
얼음가시를 집어 들고
암호를 수신한다.
나는 굽 높은 장화를 신고
수신호를 받는다
애벌레가 중개사의 얼굴을 핥으며
암호 속으로 기어든다.

고장 난 일기예보 1

슈퍼리어 빵집
창 넓은 모자를 쓰고 호객 행위를 벌이며
검은 눈을 번들거리는
빗줄기를 걷어내고 있다
허연 살을 드러낸 바게트 빵에서
비 맞은 여자 냄새가 난다
우산 하나 둘 비가 되어 흘러가고
하루를 못다 채운 영업용 택시가
노란 신호등에 걸려 있다.
빗방울이 누룩 같은 식욕을 퍼 올리고
신호등에선 쉰 냄새가 난다
스타렉스 차들이 물보라를 치며
지나칠 때마다 고개를 꺾어 버리는
검은 비닐봉지,
광고상자의 벼룩신문이
야윈 몸을 열어놓고 오르막을 기우뚱거린다
전신주에 붙은 전셋집들이
허연 바짓가랑이를 펄럭이며
열한 시 삼십 분에 기울고 있다
마을버스는 오지 않고

머리 잘린 신문 가판대에서
푸른 비가 내린다

고장 난 일기예보 2

사내들이 팔을 휘저으며
우산대를 잡고 떠내려간다.
타워형 건물들이 산 위로 오르고
집이 헤엄치다 잠수해버렸다
리어카가 밀려가는 교차로에
어깨가 기울어진 병원이 고개를 내밀고
물 먹은 솜처럼 가라앉는다.
푸른 가운을 입은 의사가
미소를 지으며 눈인사를 건넨다
병원은 깁스를 하고
환자들이 우산 꽂이에 꽂혀 있다
빗방울을 연주하는 시계,
구멍 뚫린 하늘이
까만 침묵을 달고 있다
굴뚝 청소부가 지붕 위에서
물이 솟구친다고 소리친다.
일기예보에 빠진 차들이 허우적거리자
스쿠버 물안경을 쓴 남자가
일기예보를 견인해 가고 있다

고행하는 무릎

골짜기에 모자이크 사다리가 놓여 있다
나의 무릎에 흰 눈발이 휘날리고
검은 세마포를 입은 사람들이
줄을 서서 내 무릎 위로 걸어간다
곰 한 마리 다홍빛 띠를 두르고
금목서 나이테를 읽고 있다
네모난 우물 속에 뜬 산이
하얀 이빨을 드러내고
숲으로 층층이 쌓여가고 있다
섣달 그믐을 목에 건 나무가
언덕을 넘어간다
나는 흰 치마를 두른 고갯마루에
한쪽 귀를 얹어 둔다
사다리를 타고 오르는 무릎에서
두루마리 휴지가 풀리자
아이들이 노예들의 합창을 부른다
붉은 매니큐어를 칠한 스피커 속에서
고양이 눈이 불타고
사각모자를 쓴 남자가
촛대 두 개를 들고 온다

아이들이 노란 망토를 두르고
뛰어나와 촛불을 켠다
잿빛 세라믹접시가 떠다니는 능선에서
감람나무 두 그루
손을 잡고 서서 하늘을 가리킨다

잠긴 문

문 안에 높은 산이 있네
유방처럼 솟은 지붕 위로
푸른 연기가 솟구쳐 오르네
하늘을 만드네
교회당에는 돌문이 열두 개가 달려 있고
하늘이 내려 와 있네
돌문마다 파란 손이 열려 있네
양들이 이슬 젖은 하늘을 뜯어먹고 있네
뜯긴 자국도 없이 금방 돋아나는 하늘
돌문을 자루처럼 벌리고
푸른 말씀을 쏟아 넣네.
너도바람꽃은
시중드는 시녀처럼 서 있네

뱀처럼 길이 휘젓고 지나가자
문이 잠겨버렸네.
지금 통화 중
아무도 신호를 듣지 못하네

날마다 신발을 고쳐 신고 있네

교회당 안에 돌문이,

모나리자

여자는 흰 머리칼을 가슴까지 드리우고
보라색 물속에 잠겼다
흰 물방울들이
검은 눈썹을 달고 흩어진다.
유방에 달린 여섯 개의 창문에서
올리브 빛이 새어 나오고 있다
눈썹 없는 여자는 청색 망토를 걸치고
검은 까마귀 얼굴을 한 남자 곁에서
물고기 뼈를 왕관처럼 쓰고 있다
철갑옷을 입은 남자는
여자의 머릿결을 만지며
긴 쇠홈통을 목에 끼우고 있다
쇠사슬에 감긴 발목을
여자 무릎 위에 얹고 있다
여자는 오른쪽 손에
체크무늬 망치를 들고
왼손으로 촛대를 거꾸로 집고 있다
긴 코를 세라믹처럼 세우고
오리 부리를 대롱거린다.
파인 블라우스에

흰 호두알 목걸이를 달고 있다
나무 목발 손잡이에서
남보라 색 물을 분수처럼 뿜어낸다
물거품 속으로
남자의 신발이 떠내려간다.

모나리자는 한쪽 눈을 감고 있다

해를 낳는 아이

소녀가 사막에서 해를 바라본다
치마 속에서 바다가 출렁인다.
푸른 제복을 입은 군인들이
해를 향해 총을 겨눈다
팔이 잘린 아이가 총부리 앞에서
피를 쏟아놓는다
임신한 어린 여자가 피를 밟고 지나가고
청년의 팔뚝에 새겨진 문신에서
뱀이 기어 나온다.
산은 동강이 나고
계곡에서 화사한 미라가 걸어 나온다
사막에 목이 나뒹군다

소녀는 치마를 펼쳐들고
해를 받아
지평선 쪽으로 던진다.

목이 지워진 남자

남자가 오거리에 누워
빌딩을 들고 있네
돔 지붕 위에 붉은 사과 두 쪽
마주 보고 웃고 있네
창문에 아이 넷이 고개를 내밀며
광장을 내다보고 있네
시곗바늘이 정오에 멈춰 있는
빌딩 사이로 푸른 강이 흐르고
달 속에서 아기가
문고리를 잡고 있네
오른쪽 손에 일곱 개의 촛대를 든 사내
기다란 슬리퍼를 신고 빌딩 사이를 걸어가고 있네
다리 위에 다리를 걸친 개 두 마리,
딜무리에 붉은 혓바닥을 올려놓았네.
여자가 벤치에 걸터앉아
가로등을 끌어당기자
광고판 위에 서 있던 옥상이
기우뚱 흔들리네
여자는 맨손으로 사과 씨를 발라먹자
사과에서 불꽃이 터지고 있네.

낮달

부러지는 능선에
푸른 낮달이 걸려 있다
전신주에 달린 백열등 속으로
체크무늬 스카프를 두른 여자가
손수레를 끌고 온다
영양탕 집 플래카드가 펄렁일 때마다
벽보에 비구름이 몰려온다.
철창문을 뚫고나온 안테나,
주홍빛 와이셔츠가 펄렁이고
달 속에 빈집이 쌓여가고 있다
목멘 스피커에서
마지막 탱고가 흘러나오자
36번가에 서 있는 남자들이
달무리 안으로 들어간다
물구나무 선 남자의 발바닥에서
비누거품이 치솟아 오르고
푸른 면도날에 달린 모터기가
바짓가랑이를 타고 날아다닌다.

방독면을 쓴 아이들이

빨간 신호등에 갇혀 있고
카나리아 한 마리
빈집을 쪼아 먹고 있다

구멍 뚫린 무릎

여자는 두 팔을 어둠 위에 올려놓고
팔목에 칼바람을 일으킨다
눈에 검푸른 헝겊이 씌워졌다
무릎이 벗겨진 아이의 젖꼭지에
초콜릿 조각이 대롱거린다
엉덩이를 올려놓은 시멘트바닥
다리를 벌리고 있는 여자는
배꼽이 검은 장독처럼 번들거린다.
남자 두 명이 양쪽에 서서
머리채를 잡아제친다
청바지에 꽂힌 폭행이 이빨을 쫑긋 세우고
손목시계가 어둠을 차고 있다
남자의 티셔츠 뒤로
골목이 힐끗거리다
신발을 벗어들고 들어가 숨어 버린다
된바람이 여자를 에워싸고 있을 동안
노란 가로등이
구멍 뚫린 하수구로 달아난다

그림자를 줍는 해바라기

빨간 모자를 쓴
노인의 폐지 꾸러미에
자투리땅 한 뼘이 돋아나 있다
폐타이어에 걸린 검은 점퍼 한 자락
엄지손가락이 자라나고 있다
버려진 땅의 해바라기
구름 울타리를 두르고
푸른 하늘에 씨앗을 뿌린다
크고 환한 웃음
허리를 굽히며 몸을 갉아먹는다.
노란 지구를 옆구리에 차고 서서
해바라기하고 있는 사내,
까만 승용차가 해바라기를 밟고 지나가자
폐지가 돌개바람을 일으킨다
죽은 활사가 시변에 실을 만늘고
해바라기를 등에 진 남자는
길을 끌고 고개를 오르고 있다

야시장에서

밤을 건너고 있는 내 배낭 안에는
뜨거운 시장이 열린다.
국수 말아 길게 밤을 건져놓고
포장마차에 수저 걸어놓는다
어묵고치 줄줄이 시장 바닥을 오르내리며
허기진 어둠을 입질한다.
문어다리처럼 흐물거리는 비키니 노래방
비실거리는 노랫가락을 토악질한다
황야의 집 무전기가 길을 가로막고
길이 집을 걷어찬다.
불빛에 찌든 그림자들이
어묵 국에 씻긴 시장 바닥에서
불그레한 가로등을 잡고 캉캉 춤을 춘다.
취기 오른 하늘을 끌고
늦은 밤이 구름 계단을 오른다
하늘이 텅 비어버리면
그믐달이 시퍼런 날을 세우고
내 배낭끈을 잘라버린다

그믐달 속으로 밤이 종종걸음치는 사이

먼 데서 개 짖는 소리 들린다

4부

오후의 스케치

탁자 위에서
단풍나무 한 그루가 자라고 있다
이젤 위로 낙엽이 소복이 내리고
책꽂이에서 오리엔탈리즘이
책상 위에 떨어진다.
책갈피에 얹힌 분홍빛 컵에
하체가 물에 잠긴
집배원 두 명이 서 있다
코 밑에 갈대가 돋아나고
펼쳐진 책갈피에서
푸른 초원이 일렁인다
풀밭 속에 빨간 우체통이 서 있다
천장에 달린 비상조명 불빛에
닌징이가 매달려 있고
붓통에 고인 물속에
내 얼굴이 떠다닌다
나는 붓을 들고 얼굴을 뭉개버린다
옥수수를 그려 넣은 창문에서
푸른 옥수수 잎이 서걱거린다.

내과 병동

남자는 초음파 속 나를 떼어 내어
부채처럼 접었다 폈다 한다
레이저광선이 스크린을 긋고 지난다
청진기가 허파를 훑고 지나가는 길목에
환자들의 기침 소리가 울려나온다
남자는 나를 접어
책상 모서리에 던져버린다
여자는 핀셋으로 집어 들고
비누거품을 풀어놓는다
회전등이 배를 누비며
피겨스케이팅을 즐기고 있다
바닥에 녹슨 눈알이 굴러다닌다
남자는 나를 말아
컴퓨터 상자 안에 넣어버린다
상자 안에는 비릿한 솜방망이가
기절한 채 쓰러져 있고
부러진 갈비뼈가 나뒹굴며
벌겋게 달아오르는 핀셋으로
찢어진 살점을 뜯어먹고 있다

진료실에 쭈그리고 앉은 생명이
아직은 항해 중이다

암호

나는 컴퓨터에서 막 꺼낸
설익은 자판기를 두들기며
암호를 찾아 나선다.
네모난 탁자 위에 내려앉은 햇살을 들고
퍼즐 조각의 그림자를 쫓아 다닌다
푸른 옷을 입은 달마가
창문틀에 걸터앉아 구름자락으로
창살을 지운다
천장에 붙은 지능형 카메라가
얼음조각 씹는 소리를 낸다
뒷걸음을 치는 책장이
책을 펴 들고 있는 거울을 향해
암호를 던진다
창 너머 호두나무가
햇살을 펴들고 게임을 펼치자
나의 이마를 비추던 형광등이
모니터 스위치를 누른다
거울 속에 눈매가 날카로운 남자가
암호를 목에 걸고
거울 밖으로 사라진다

컵 속의 발자국

나의 가슴에 타원형 우물이 고여 있다
얼굴이 잠겨있는 물속
말미잘이 내 목을 졸라매고 있다
나는 광주리에 든 달을 꺼내어
우물 속에 띄워놓는다
새둥지가 매달린 석류나무 아래
오리 떼들이 몰려다니며
나의 머리를 쪼아 먹는다
절반으로 잘려나간 나의 머릿속은
빨간 사르비아꽃이 만발하고
가슴 위로 난 순환도로에
푸른 신호등이 깜박거린다
혈관에 깔린 레일 위로
고속열차가 달린디
나는 대기실에 놓인 예약티켓을 잘라
찻잔 밑에 깔아둔다

컵에 수십 개의 발자국이 찍혀 있다,

찻집에서

유통기한에 걸린 문이
흰 배를 불룩하게 드러내고 서 있다
긴 드레스를 입은 여자가 찻상을 들고
남자 곁으로 가고 있다
테이블 위에
작은 그릇들이 입을 벌리고
눈짓을 보낸다
찻잔을 받치고 있는 노방상보에
난초가 까치발을 하고
입구를 내려다본다.
검은 탁자 곁에 서 있는 가야금이
입을 크게 벌리고 랩송을 연주한다.
바닥에 먹물 그늘이 깔리고
대나무가 천장에 물구나무서서
발을 늘어뜨린다
창가에 앉은 여자들이
세상 이야기를 나무판 사이로 끼워 넣는다
슬리퍼가 인기척을 내며 사랑문을 열자
다이어트한 문살 사이로
노란 불빛이 끼어든다

여자가 유리잔 속에
붉은 노을을 담아낸다
노을 속에 든 산수유 향기를
탁자에 놓인 잔 속에 흩뿌린다.
문풍지가 배를 부풀릴 동안
문고리가 까만 눈을 내리깔고
마른기침을 내뱉는다

여자가 등불을 켜고
유통기한을 지우고 있다

역을 삼키는 지하철

지하철 속으로 전철역이 달려간다
모눈을 세운 형광등이
손목을 꺾는다
날아다니는 손목이 이마 위에서
터널을 뚫는다
빨간 마마손이
멈추어 선 창문을 닫는다
지하철을 눌러쓴 노인이
모자를 벗어 두고
신문의 사회면을 훑는다
터널을 긁어모아
레일에 쏟아내고
여자들의 입이 전동차 천장에 달라붙어 있다
하루치 발바닥이 무참히 닳아져가고
관절을 꺾는 소리가 지하철을 끌고 간다
꼬리가 잘려나간 도마뱀 같은 터널,
졸고 있던 휴대폰이 갑자기
토성동역을 한 입에 베어 먹고 있다
짧아진 대신동역을 엉덩이에 깔고
대티역에서 지하철이 눈을 뜬다

지하철이
유리창 안을 흔들고 사라진다

유방 속의 달

스카프를 날리는 니체가
내리치는 번개를 걷어차며 태어난다.
푸른 비가 구름처럼 몰아치고
거품을 품은
검은 절벽이 사라진다.
물보라 위로 휘파람 소리가 들린다.
경쾌한 걸음이다
바람개비 같은 눈망울이
달을 향해 번뜩이고
목이 긴 여자의 늙은 눈이
유방 안에서 달을 굴리고 있다
겨울 숲이 산수화처럼 들어앉아
달 하나를 허공에 띄워 올린다.
유방은 물고기처럼 유영한다.
잠든 시계로 그녀의 손목을 묶고
물고기는 지상으로 끌고 간다
잿빛 비늘이 금속성 소리를 낸다
검고 긴 드레스의 표면에서
무거운 성벽이 돋아나고
머플러를 휘날리며

빛으로 건너가는 남자는
계곡을 따라가며
늙은 달을 자루에 주워 담고 있다.

창 너머 산벚꽃이 무리지어
꽃잎을 별처럼 뿌리고 있다

고흐의 여자

붉은 밀밭이 불타고 있다
불길 속에
하얀 눈동자가 이글거린다
동자 속으로 토끼들이 꼬리를 물고
밀밭 위를 돌고 있다
햇무리를 등에 지고
여자가 언덕 위를 올라오고 있다
어깨 너머로 고흐가 해바라기를 타고 온다
고흐의 손에 든 문고리를 받아 쥐고
여자는 벗은 몸으로
밀밭에서 몸을 태우고 있다
흰 눈썹이
불길에 흩날린다
토끼가 수십 개의 굴렁쇠를 굴리며
밀밭 속에서 뛰쳐나간다.
귀밑으로 환히 열리는 길에
노란 장미덩굴,
구름을 쏟아 놓는다
오렌지 빛 창문 속으로
붉은 비가 내리고

빗속에 떨어져 나뒹군 긴 팔 하나
곱슬머리 아이를 꽃 속에 뉘고 있다

허공에 난 길

산 하나를 벗긴다
집 한 채 마중 나와
묽은 신발을 벗는다.
무덤 여러 채 햇볕을 말리고
길이 들어설 언덕이 없어 망설인다
열린 집마다 쌓인 적막을 벗어
볕을 말리고 있다
구름이 지나며 젖은 발등을 밟는다
늦은 오후가 소스라치게 놀라
억새풀을 태운다
상처투성이 산이 겉옷을 들고
날마다 집을 벗겨낸다
푸른 손이 능선의 어두운 구석을 뒤지는 동안
다급한 돌개바람이 일렁이고
잠시 정지한 억새풀이
손바닥을 쬐는 햇살을 갉아 먹는다
눅눅한 공포가 등성이를 타고
산을 내려온다.

젖은 손바닥을 위로

외로운 집이 가고 있다

은목서의 십자가

불탄 창문에 십자가가 걸려 있다
타오르는 사막 속으로
티티새 한 마리 날개를 펼친 채
창틀을 물고 날아간다
부리에서 물결무늬가 일어난다
드럼통을 굴리며
불을 지고 가는 남자
불거진 이마 위로 검버섯이 돋아난다
뿔 달린 시베리안 허스키가
쇠줄에 묶여 끌려가면서
창문에 묻은 불티를 핥아 먹는다
불 꺼진 창호지에 달무리가 인다
박쥐들이 기둥을 타고 내려와
십자가를 에워싸고 있다
암고양이가 혀를 날름거리며
검은 탑을 흔들자
솔부엉이가 유황불을 안고
지하로 날아간다

초록 동굴 안에

불탄 네 사람이 눈을 뜬 채 묻혀 있다
안경 낀 노인과
머리가 벗겨진 아이들이 돌아눕고
십자가를 뽑아든 여자가
돌문을 열어젖히며 사막으로 사라진다.

살로메

가면 쓴 남자가 샹들리에를 들고 있다
커다란 원형무대가 공중에서 돌아가고
무지개 색 불빛 아래 여자들이
주홍빛 띠를 두르고
나체쇼를 벌이고 있다
크리스털 왕관을 쓴 여자가
샹들리에 위에 앉아 내려다보고 있다
회전의자에 앉은
검은 선글라스를 낀 남자가
방탄모자를 쓰고
비비탄 권총을 겨누고 있다
양복주머니에 탄창을 꽂은 남자는
무희의 아랫도리를 주시하고 있다
양주병들이 거꾸로 매달린 무대 아래
태아가 병 주둥이를 빨고 있다
무대 밖에서는
별들이 모래처럼 부서져 있고
깨어진 유성조각에 손목이 꽂혀 있다
잘린 손에서 피가 흘러나오고 있다

사막 위로 솟은 분화구에서
펭귄이 까만 얼음을 끌면서
걸어오고 있다

선인장

나는 창살을 등지고 누워
밖을 내려다보고 있다
머리맡에 놓인 생선 두 마리
시트를 벌겋게 물들인다
정글이 내려다보이는 무릎 사이로
강물이 흐른다
침대 밑으로 발가벗은 원주민들이
소머리를 올려놓고
기우제를 지내고 있다
핏물이 떨어지는 붉은 보자기 속으로
상어 떼들이 몰려든다
차양 밖으로 떨어지는 물방울 속에
폴링튜브가 날아다니며
물안개를 피워 올린다
커튼을 타고 오르는 나팔꽃.
마차에 숨은 마오리족들이
나를 향해 활을 겨눈다
나는 일어나 전사의 손을 잡고
나팔꽃 안으로 들어간다

포메라이언 한 마리
튜브를 타고 정글로 떠내려간다

빨강 손톱의 난장이

눈이 여섯 개 달린 난장이가
항아리를 들고 있다
항아리 속에 든 아파트 창문이
노을을 가득 담고 있다
비둘기는 옥상 위에서
둥지에 알을 품는다
난장이의 눈 안에 걸린
가마솥에서는
장작불이 타오르고
매니큐어를 칠한 손톱으로
항아리를 이고 있다
키 작은 남자는 캉캉 치마를 두르고
빨강 이빨로 피리를 분다
치맛단 아래 사막이
모래굽이를 이루며 솟아오르고
오로라는 돌개바람을 피어 올린다.
무화과나무 그늘을 밟고 서 있는 사내는
자루처럼 벌린 호주머니에
무화과 열매를 가득 담고 있다

뱀처럼 휘어진 사타구니 사이로
황토물이 흘러내린다.

모니터가 켜진 남자

의자에 놓인 크리스털 컵 안에
남자가 앉아 있다
칵테일 글라스를 기울이며
책꽂이에 꽂힌 월간지를 꺼낸다
와인 잔에서 붉은 언덕이 출렁이고
여자가 반사경을 헤집고
네모난 우주를 끌고 나온다
혹성을 깔고 앉은 여자는
나침반을 펼쳐놓고 카드게임을 시작한다
책갈피에서 퍼즐조각이 쏟아진다.
남자는 조각들을 휴지 두루마리에 말아
유리컵에 집어넣는다.
여자는 피켓을 든 채
가든 쇼를 벌인다
까만 퍼즐에서 랩송이 흘러나온다.
테이블 위에서 놓인 안경알에
전동스크린 돌아간다

여자는 두루마리를 펼치고
비엔나 왈츠를 주면서

남자의 잔 속으로 들어간다.

러닝머신

푸른 바다가 출렁이는 브라운관에
그물을 던져 놓고
사람들이 해초를 건져내고 있다
파도가 줄넘기를 하는 해변에
나는 자전거를 페달을 밟고
물보라 위를 달린다
물밑에서 706호의 문이 열린다
봉수대가 산봉우리를 입에 물고
물구나무선 너머
사람들이 홈통 안으로 걸어간다
나의 머리 위에 놓인 잔 속에서
물고기들이 다이빙을 즐기자
파도타기를 하던 접시 비행기가
하얀 물거품을 날리며 뒤를 따라온다
나는 무지개처럼 품어내는 물보라를 안고
눈썹달의 페달을 밟으며
유리잔 속에 들어간다.

머리 위의 활주로 향해
물방울이 햇살을 튕겨낸다

아코디언을 연주하는 호수

잿빛 오선지 위로
관광버스가 지나가고
악보에서 빗방울 전주곡이 흘러나온다.
나는 비올라를 켜며
흰 건반 위에서 훌라 춤을 춘다
사거리 8번가에서 높은음자리표가 쏟아져
음표가 나비처럼 날아다닌다
푸른 호수에 잠긴 공원에서
자전거를 타던 아이들이
유리 어항 속으로 사라진다
백미러에 기대선 남자가
나의 옷자락을 잡는다
볼록렌즈에 뜬 25시 편의점이
25도의 경사로 기우뚱거린다
나는 렌즈를 눈에 끼고
호수 안으로 걸어간다.

물보라 사이에 하얀 수선화가
피어오르고 있다.

출입금지 팻말

하늘에 타이어가 떠다니고
고속도로가 직선으로 뻗어 있다
푸른 풍선이 도로변에
사열대처럼 떠 있다
대로를 가로지른 노트북이
고속도로를 질주하고
은빛 수염을 단 노인이
사거리에서 신호등을 잡고 있다
커다란 애벌레 한 마리
우주선을 물고 사차선을 기어간다.
오른쪽 길가의 공룡이 걸어 나오고
왼쪽 도로변으로
스쿠터를 탄 사람들이 들어가고 있다

〈출입금지〉
신호등에 붙은 팻말
입을 굳게 다문 트럭이
팻말을 떼어 싣고
노인의 붉은 수염 속으로 사라진다

| 해설 |

내면의식의 아포리즘
-김금아의 시세계

하현식(시인 · 문학평론가)

1.

오스트리아의 심리학자 프로이드의 『정신분석 그리고 정신병리 연구를 위한 연감』이란 저술은 20세기 문학에 획기적인 영향을 주었다. 꿈은 모두 억압된 성욕의 비정상적 만족이라는 가설에서 출발하여 기존의 인간의 의식에서 내면의식을 분리해낸 그는 『꿈의 해석』을 통해 이러한 내면의식의 원죄를 발전시켜 나감으로써 예술에 있어서의 초현실적 인식과 불연속적 심상의 계기를 만들었다. 이러한 흐름의 이론적 체계화는 프랑스의 문학평론가 앙드레 브르똥 등의 초현실주의 선언을 바탕으로 숙성되었으며 미술과 음악에까지 영향을 미쳤다.

모더니즘을 이분화하여 자연으로부터 직접 얻어지는 심상에 의탁한 이미지즘 대신에 꿈과 잠재의식 또는 공상의 세계에서 얻어지는 심상을 새로운 비현실적 결합으로 표현의 경이를 성취하는 쉬르레아리즘 즉 초현실주의 경향이 대두된 것이다. 그 이름은 아포리네트에 의하여 붙여졌으며 1924년 다다이즘에 심취되었던 브르똥이 『초현실주의 선언』에서 인간의 상상에 자유를 주어야 한다는 주창에서 이론화가 가능하게 되었다.

아라공과 엘뤼아르 그리고 수뽀 등이 이에 동조했으며 이들은 현실적 이지와 논리를 배제하고 기존의 가치와 교의를 파괴할 것을 주장했다. 미술에 있어서도 달리와 미로 그리고 에른스트 등에 의하여 이러한 화풍이 확산되어 20세기 전위미술의 압권이 되었다.

우리 시에 있어서는 「오감도」의 李箱이 그 선구적인 문학가로서 평가될 수 있으며 김춘수의 무의미시에서 그 변용을 만나게 된다. 그리고 조향의 창작과 이론 또한 도외시할 수 없다. 한편 불교적인 논죄와 정서로 결합된 禪詩의 구조적 특성도 차한에 영입될 수 있을 것이다.

김금아의 시적 개성을 진술하면 구태여 예술적 도그마의 세계에 구속하려는 의도와는 달리 그 방법론이나 정서적 특성을 규명하고자 하는 단초로서의 맥락을 이러한 초현실주의와 결연시키는 의의에 다름 아닌 것이다. 이 시인이 경영하는 기술

법은 외면의식에서 드러나는 단조로운 심상이 아니라 언어와 언어의 충돌 또는 이미지와 이미지의 충돌에서 빚어지는 언어적 결과가 이러한 초현실적 인식과 만나는 데서 그 방법론의 근원을 주지해야 하는 의무감을 갖게 되는 것이다.

2.

다다이즘의 '다다'는 아무런 의미를 내표하지 않는 것과 같이 다다이즘의 속성을 기존한 언어의 의미를 무너뜨리는 데서 묘미를 찾고 있다. 마찬가지로 슈트레아리즘은 기존의 정신질서를 무너뜨림으로써 내면의식의 구체화하거나 불연속적 심상을 표출하는 데서 문학적 의의를 지탱하는 것이다. 과거 · 현재 · 미래의 시간적 질서를 지키지 않거나 언어 또는 이미지가 충돌함으로써 예상 외의 정서적 효과나 의미의 확산을 기대하는 경지를 시적 구조에 이입하는 방법인 것이다. 이는 어디까지나 일련의 표현 방법론에 연결되어 있음을 간과하지 못한다.

겨울 안에서 비가 내린다
바다 속에서 청동시계가 울리고
뽀얀 거품이 해변을 적신다
별들이 그물망 안으로 몰려든다
나는 별을 건져 거울 속에 넣어두고
포말 소화기를 열어둔다
아이는 붉은 입술을 오므리며
병을 빨고 있다

병 속에서 상어가
두루미같이 뾰족한 입을 내밀고
아이를 올려다 보고 있다
나는 아기에게 돌고래 눈을 달아주고
그물을 쳐둔다
파도가 산처럼 여러 겹 솟아 있고
머리가 세 개 달리 뱀장어 떼가
이불자락을 들치고 기어오른다
낚싯줄에 콜라병이 딸려온다

—「백미러 안의 바다 5」 전문

연작으로 씌어진 「백미러 안의 바다」는 〈백미러〉로 설정된 〈거울〉의 세계를 대상으로 삼고 있다. 이때의 〈거울〉은 내면의식을 반영하는 하나의 장치로 판단된다. 궁극적으로 〈거울〉은 저 李箱의 아이디어처럼 차안이 아니라 피안의 한 모형이 되는 것이다. 그리고 프로이드의 정신분석학에서 드러나는 〈꿈〉의 세계일 수도 있는 것이다.

시인은 〈거울〉 속에서 대체적으로 네 묶음의 이미지를 건져 올린다. 물론 이미지와 이미지의 관계는 폭력적으로 전개되며 불연속적 구조를 취하고 있다.

①~③행의 의의는 도입부의 기능에 닿아 있다. 이른바 〈비가 내리〉는 〈거울 안〉의 공간이다. 시적 화자에게 있어서는 잠재의식의 공간이기도 하고 꿈의 한 단면으로 드러나기도 한다. 또는 공상의 결과적 상황으로도 설명된다. 〈바다〉가 출렁거리

고 출렁거리는 물소리는 〈청동시계〉의 〈울림〉으로 구현되고 있다. 즉 시각적 이미지가 청각적 이미지로 전환되는 묘미를 만나게 된다. 푸른 〈바다〉의 색채미학이 청각적 효용성을 진작하는 예인 것이다. 파도가 해안으로 휘몰아치면서 일련의 내면적 풍경을 창출하는 것이다. ④~⑥행의 이미지는 보다 구체화된 〈바다〉의 풍경으로 그려진다. 이는 〈거품〉이 〈별〉로 보조관념화됨으로써 〈바다〉가 지니는 상승의 이데아를 구현하고 있다. 하부세계인 〈바다〉가 상층세계인 〈하늘〉의 이미지로 변용되어 드러나는 것과 다름 아니다. 〈바다〉와 〈하늘〉의 폭력적 비유망을 형성함으로써 의식의 자율성을 과시한다고 볼 수 있다. 그리고 파도가 휘몰아치는 풍경이 밤하늘에서 무수한 〈별〉들의 빤짝이는 상황으로 변용된다. 〈포말 소화기〉의 개입이 역설적으로 그러한 심상을 강화해주고 있다 할 것이다.

⑦~⑬행의 정경에서는 다시 〈별〉이 〈아이〉로 전이되어 일련의 동화의 나라가 펼쳐진다. 〈아이〉와 〈나〉의 관계에서는 〈병〉과 〈물고기눈〉이 매개체가 되고 있다. 〈병〉과 〈물고기눈〉이 〈그물망〉으로 구속됨으로써 닫힌 세계의 콤플렉스를 암시하고 있는 것이다.

⑪~⑰행에 보면 불안과 혐오감이 동반한 촉각적 작용을 만나게 된다. 이는 〈머리가 세 개 달린 뱀장어 떼〉의 그로데스크한 이미지의 형성 때문이다. 시적 화자의 시각적 현상이 〈기어오르는〉 촉각적 활용으로 노정되는 근거를 통하여 심리적 불안과 혐오를 발산하게 되는 것이다. 가위 눌리는 흉몽의 한 단면과 같이 〈뽀얀 거품〉으로 야기된 오브제의 전개가 〈별〉로 전용

되었다가 다시 〈아이〉로 변이되어 〈머리가 세 개 달린 뱀장어 떼〉로 전환됨으로써 이미지 극적인 콤플렉스에 도달한다. 그리고 그것은 다시 〈콜라병〉으로 현실화되어 시적 화자의 〈꿈〉의 역정의 종언이 되고 있다.

이 시인은 세계의 가치를 규정하거나 외면의식의 관념성을 의도적으로 기피하면서 인간의 순수무구한 정신세계를 언어구조를 통해서 무작위로 형상화하고 있는 것을 볼 수 있다. 의도적 이미지의 전개가 아니라 자연발생적인 의식의 흐름을 통하여 자신만의 개성적 미학을 창조하게 되는 것이다.

3.

김금아의 또 다른 내면의식의 미학은 현실이 연출하는 실제성에 대한 전도된 현상과 가치 그리고 반역적 양상으로 드러나고 있다. 주로 언어미학의 고도한 속성과 반어 혹은 역설의 효용성에 기대어 고양하는 것이다. 이는 전자의 「백미러 안의 바다」가 보여주는 추상적 이미지에 비해 현실성에 의탁된 반추상의 회화적 형태로 투사되고 있다. 그러나 불연속성이라거나 의식의 흐름에서 기인된 원리는 동일성을 지닌다고 할 수 있다.

여자는 두 개의 집을 들고 앉아 있다
네로이카 안테나가 창문을 열어 놓자
네 개의 달이 떠오른다
숲을 목에 건 액자가
거실 벽에 걸려 있다

올빼미 시계가 불을 켜자
여름밤의 꿈을 연주한다
백자 항아리에 앉은 두루미
날개에 상현달을 피워 올린다
여자의 발아래
안경을 낀 테이블이 무릎을 꿇고 책을 편다
그림책 속에 튤립 꽃이 피어나고
오리목 숲에 꽃병을 든 채
좁은 골짜기로 들어간다
별이 길이를 재고 있는 동안
명주나비 한 마리
숲을 흔들어 깨우며 날갯짓하고
다랑어 발이 가을 속으로 걸어온다

창밖에서 형광등이 춤추고 있다.

—「거실에서」 전문

이 시편은 구조적으로 〈거실〉을 공간적 배경으로 삼아 〈창안〉과 〈창밖〉의 구획을 통하여 내면의식과 외면의식의 경계를 가름하고 있다. 대부분의 시행들이 〈거실〉 즉 시적 화자의 내면세계를 반영하는 한편으로 결미의 단 한 행을 통하여 외면적 세계를 묘사하고 있을 따름이다. 그러나 〈거실〉로 설정된 내면적 공간이 불연속적으로 잠재된 의식으로 노정되고 있다.

그 첫째는 〈여자〉와 〈두 개의 집〉의 관계를 전도된 위치에서 묘파함으로써 〈집〉 속에 존재하는 화자의 위상이 오히려 〈여자〉 속에 존재하는 〈집〉으로 형상화됨으로 전도된 관계성의 묘미를 전달하고 있다. 그것도 한 개의 〈집〉이 아니라 〈두 개의 집〉으로 수개념에 의탁하여 실재하는 시적 화자의 〈집〉과 의식 속의 〈집〉을 동시에 피력하고 있다. 이러한 도입부의 〈여자〉와 〈집〉의 전도된 종속관계도 그러려니와 〈두 개〉라는 숫자 개념이 야기하는 경이감을 바탕으로 자연스럽게 〈네 개의 달〉의 이미지로 전이되는 것이다. 〈안테나〉와 〈달〉이 자아내는 현실적 문명의 작용을 원용하는 동시에 의식과 무의식의 가능성을 표출한다고 볼 수 있다. 언어 배열의 구조적인 경이감과 더불어 포괄적인 함축성을 기대하고 있다. 언어가치의 다양한 구사력을 대면하는 예인 것이다.

④행의 〈숲을 목에 건 액자〉 역시 〈두 개의 집을 들고 있는 여자〉의 구조처럼 오브제의 종속관계가 전도되어 구축되고 있다. 〈액자〉와 〈숲〉의 관계성에서 〈액자 속의 숲〉으로 표현되어야 할 것을 〈숲을 목에 건 액자〉를 묘사함으로써 반어와 역설이 만들어내는 경이감과 같은 전도되어진 관계성으로 기존의 언어질서를 파괴하는 반역적 의의를 진작시키게 된다. 기실 ④행의 경우는 지극히 추상적 설정이지만 ⑤행의 진술은 구체적인 진술에 다름 아니다. 일련의 반추상적 지향점에 닿아 있는 것이다.

그리고 ⑥~⑨행의 묘사는 비교적 평면적 묘사를 취하고 있다. 그러나 주체에 대한 〈불을 켜자〉라든가 〈꿈을 연주하〉는 서술적 부분에서는 의인화의 기능으로 표현의 미를 부양하고 있으며 〈두루미〉와 〈상현달〉의 제시에서는 〈백자 항아리〉에 그려진 풍경을 묘사함으로써 시적 기능에 값한다고 볼 수 있다. ⑩~⑭행에서도 전술한 바의 오브제의 주종관계를 전도시키는 데서 미학의 경지를 획득하고 있다.

일차적으로 〈여자〉와 〈안경〉과 〈무릎〉의 종속성의 전도된 구조가 그것이다. 〈여자〉의 〈안경〉과 〈무릎〉이 〈테이블〉의 〈안경〉과 〈무릎〉으로 설정되어 다다이스트들의 언어구사의 단면을 환기시켜주고 있다. 〈오리목숲〉과 〈꽃병〉의 환치성도 마찬가지의 효용을 취하지만 〈그림책〉과 꽃의 관계성은 이러한 의도에서 벗어나고 있다.

⑮~⑲행으로 분류되는 제4단락은 주로 〈벽〉을 주된 공간으로 접근하고 있다. ⑮행은〈벽〉의 폭의 넓이를 제시하면서 마치 〈벽〉 스스로의 의인화된 행동반경을 만들어냄으로써 시가 요구하는 입체적 상황을 부양한다. 그리고 ⑲행까지의 풍경묘사는 〈벽〉에 그려진 정경을 〈명주나비〉와 〈다랑어〉가 환기시키는 언어미학으로 분식하는 측면이 시적 깊이를 고양하는 것이다. 한편 풍경화 자체가 전혀 〈벽〉에 종속되지 않는 독립된 정황으로 구현되어 시적 화자의 내면의식을 반영한다고 볼 수 있다. 그리고 결미행을 통하여 무의식의 상황에서 의식적 경계로 회복되는 의의의 〈창밖〉 풍경으로 이 시편이 고구하는 반추상의 미학을 수렴하게 된다.

4.

김금아의 시편들에는 이따금씩 성서적 사실을 소재로 삼고 있거나 종교적 의식을 제재화하는 것을 볼 수 있다. 서구 사회에서 빚어지는 무속적 효과를 종교의식으로 치장하는 예를 볼 수 있거니와 이 시인에게 있어서는 오히려 언어미학에 입각한 신앙행위의 형상화로 나타나고 있다. 그러한 구조나 형식을 취하고 있는 시편으로 「욥바 가는 길」, 「살로메」와 「백일기도」를 들 수 있다. 「백일기도」는 불교적 어의에서 출발하고 있으나 여기에서는 보다 기독교적 계기로 드러나 있다고 할 것이다.

기도하고 있는 내 손 위에
노란 병아리 한 마리 앉아 있다
네 개의 손가락 끝에
해바라기가 피어난다
핑크빛 목도리를 두른 철쭉이
손가락에 불을 붙인다
손등 너머 사막은 노을빛이다
모래사막 주름에 겹겹이 창이 달려 있다
모자이크 창문들이
머리 긴 하늘을 물고 서 있다
주름을 쪼아 먹는 병아리가
날카로운 부리를 세운다
검은 귀를 달고 있는 스피커에서
애벌레가 기어 나오고

사각사각 말씀을 듣는 누에는
노란 항문으로 기도문을 토해낸다

기도하는 집을 들고 다니는
붉은 넥타이를 맨 하나님
와이셔츠에 핀 철쭉꽃에
나의 두 손을 올려놓는다.

―「백일기도」 전문

이 시편은 〈기도〉하는 〈나〉의 내면의식이 색채감각을 기조로 하여 그려지고 있다. 그리고 다양한 〈꽃〉을 오브제로 이어지는 의식의 전개에서 시적 화자의 잠재의식이나 꿈이 이미지로 구체화되는가 하면 시적 자아의 연민과 딜레마와 좌절감이 주축이 되고 있다. 그러나 끝내는 소망의 성취와 환희의 절정에서 빚어지는 내적 카다르시스를 현시하는 것이다.

그러한 ①~⑥행에서 〈노란 병아리〉로 시사되는 존재의미의 제시로부터 〈해바라기〉와 〈핑크빛 철쭉〉으로 전개되는 존재성의 변용적 형태로써 〈기도〉를 통한 내면적 번뇌의 종교적 감화상태를 은유적으로 노정하게 된다. 〈노란 병아리〉의 인유적 의의는 나약한 기도자의 내면적 상황에 닿아 있으며 〈해바라기〉로 변전되는 시적 자아의 내면의식은 한층 염원의 고양된 내면을 시사하고 있음에 다름 아닌 것이다. 한편 〈핑크빛 철쭉〉이 기대하는 〈불〉의 암시성은 더욱 강렬한 구원의식과 기원의 열도를 표명하고 있음이 아닐 수 없다. 김금아가 노리는 〈기도〉

형식에 얽힌 경험이 기실 수필적으로 드러나야 할 대목이 고도한 언어미학에 의존됨으로써 시적 자아의 내면의식이 묘사적 진술에 의한 창조적 구조를 성취하고 있는 것을 볼 수 있다. 그리고 기도자의 외면적 자세나 몸짓이 아니라 어디까지나 자의식에 바탕을 둔 미학적 구조를 획득하는 예인 것이다.

그리고 ⑦~⑫행으로 이어지는 구조적 특징은 기도자의 좌절의식과 내적 갈등을 보여주고 있다. 〈노을빛 사막〉이 시사하고 있는 갈등과 좌절의 심리 변화와 〈창〉을 통해 극복하는 장치를 간과하지 못하기 때문이다. 〈사막의 창〉은 곧 종교적인 의미에서 절대자로부터의 응답의 전제가 되는 것이다. 나아가서 〈겹겹이 달린 창〉들은 〈하늘〉에 개입되어 존재의 일탈과 극기를 기대한다고 볼 수 있다. 일련의 언어구사의 과정에서 〈노을빛 사막〉이나 〈머리가 긴 하늘〉의 경우는 전자의 은유적 기발함이나 후자의 의인화의 자유롭고 재치 있는 장인정신을 만나게 되는 예가 아닐 수 없다. 사려 깊게 탁마된 언어의 섬광을 경험하는 의의에 닿아 있으며 창조적 가치의 진의가 어떤 것이며 무엇인가를 깨닫게 되는 부분인 것이다.

⑰~⑳행으로 이어지는 제3연의 주지는 단적으로 〈기도〉의 구체화에 도달하고 있음을 보여준다. 〈애벌레=말씀〉으로 축조되는 등식의 효용가치는 〈누에〉에서 발현되고 있으며 나아가서 〈노란 항문〉을 통하여 〈토해내는〉 결과물이 〈기도문〉이 되는 언어구조상의 설정이 절묘한 언어 의식을 강화하기도 한다. 시는 아이디어라는 명제에 접근할 때 김금아의 이러한 언어창조는 시가 요구하는 가장 깊고 높은 이데아로서 설명될 수밖에

없는 것이다. 단지 역사와 시대성에 대한 도외시가 논란의 표적이 될 수 있으나 시의 본질이 입각할 때 이러한 창조적 행위에서 예술의 지고지순한 가치성을 인식하게 되는 것이다. 이 시편의 형태상 ②연에 해당하는 구조적 에센스는 〈기도〉를 유발시키는 근원으로서의 〈하나님〉이 정점을 이루고 있다. 물론 이 표현은 집례자의 성스러운 속성을 과장한 결과로 나타나는 비유적 장치라 할 수 있다. 궁극적으로 〈철쭉꽃〉에 〈두 손〉이 〈올려짐〉으로 시적 자아의 신앙적 정화작용은 대미를 장식하게 된다.

그것이 종교적이든 자연에 의탁한 것이든 시인이 닿는 시선은 실제 자체로서가 아닌 이미저리나 비유적 언표로 드러남으로써 자유자재한 창조의 소임을 충동적으로 실천하는 천부적인 기능을 이 시인은 내재하고 있음을 볼 수 있다. 언어미의 저변확대를 통한 새로운 언어가치의 창조를 시적 지표로 삼는 이 시인만의 감수성을 간과하지 못하는 것이다.

5.

김금아의 상상력에는 성능이 뛰어난 프로펠러가 달려 있다. 그는 프로펠러가 회전하는 방향으로 무한대의 공간을 휘저으며 상상을 발진한다. 그것이 무의식 세계이든지 또는 잠재의식이든지 아니면 공상의 세계이든 속력을 내어 상상이 안착하거나 스쳐가는 곳마다 시가 널려 있다. 인간이 바라보는 외면세계는 한계가 느껴지지만 내면공간은 불가시적인 우주보다도 더욱 광활하기 때문에 적어도 시를 빚어내는 재료에 있어서는 내면의식을 따를 수 없는 이점을 김금아는 거침없이 활용하고 있는 것이다.

탁자 위에서
단풍나무 한 그루가 자라고 있다.
이젤 위로 낙엽이 소복이 내리고
책꽂이에서 오리엔탈리즘이
책상 위에 떨어진다
책갈피에 얹힌 분홍빛 컵에
하체가 물에 잠긴
집배원 두 명이 서 있다.
코 밑에 갈대가 돋아나고
펼쳐진 책갈피에서
푸른 초원이 일렁인다
풀밭 속에 빨간 우체통이 서 있다
천장에 매달린 비상조명 불빛에
난장이가 매달려 있고
불통에 고인 물속에
내 얼굴이 떠다닌다
나는 붓을 들고 얼굴을 뭉개버린다
옥수수를 그려 넣은 창문에서
푸른 옥수수 잎이 서걱거린다.

—「오후의 스케치」 전문

이 시편은 현실과 초현실을 교차시키면서 구조화하고 있다. 현실 속에서의 인식을 디딤돌로 삼아 초현실의 세계로 비약하는 방법을 취하고 있는 것이다. 「오후의 스케치」는 실제로 시인이 택하고 있는 현실적인 제재인 것이다. 그리고 시적 화자는 〈스케치〉하는 과정에서 침잠되는 의식의 흐름을 통하여 실체적 인식에 반역하는 풍경을 제시하면서 이미지와 언어의 충돌과 의식의 역행을 거리낌 없이 자유자재로 창출하는 것이다. 전술한 바의 표현상의 경이감이나 돌발적인 언어구사를 만나게 하는 것이다.

이 시편에서는 〈스케치〉가 바로 내면의식으로 이입되는 계기나 촉매제로 설정되어 있다. 〈탁자 위에서 단풍나무가 자라고 있다〉는 비현실적 풍경은 〈단풍나무가 그려지고 있〉는 현실적 행위에서 유추됨으로써 무의식의 상태가 가능해진다 할 것이다. 이는 상황의 평면적 진술에서 입체적 묘사로 진작되는 결과를 드러내게 된다. 나아가서 〈이젤에 그려지는 낙엽〉이 〈소복이 내리는〉 풍경으로 환치되어 의식의 흐름에 대한 한 단면을 성취하고 있다. 심지어는 〈오리엔탈리즘〉이란 관념어가 물체화함으로써 자유로운 상상력의 극적 가치를 표명하는 것이다. 초현실적 상황이 마치 현실적이 것처럼 진술됨으로써 기존의 시가 지니는 매너리즘을 일탈하게 되고 어떤 의미에서는 이러한 폭력적 언어구사력에서 언어가 또는 시가 가야할 새로운 지평을 구축한다고 볼 수 있을 것이다.

모더니즘의 보편성을 확장시킨 바 있는 엘리어트는 〈전통과 개인의 재능〉이란 논문에서 〈시란 감정의 해방이 아니고 감정으로부터의 탈출이며 인격의 표현이 아니고 인격으로부터의 탈출이다〉라고 설파한 바와 같이 김금아의 출현의 의의는 〈감정〉과 〈인격〉의 〈탈출〉을 통해서 우리 시에 있어서의 안일하고 식상한 시적 폐단을 새로움과 경이감으로 해방하고자 하는 예술적 혁명이다. 언어 가능의 확대와 심도 있는 표명으로써 우리 시의 활화산이 되고 있음을 간과할 수 없는 것이다. 시적 형극의 길에 들어선 이 시인의 행보에 말할 수 없는 박수와 축복을 보낸다.

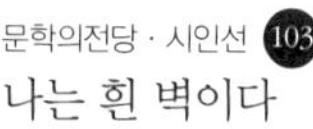

나는 흰 벽이다

초판인쇄 2010년 12월 17일
초판발행 2010년 12월 24일

지 은 이 김금아
펴 낸 이 김충규
펴 낸 곳 **문학의전당**
출판등록 제387-2003-00048호(2003년 9월 8일)

주　　소 121-718 서울특별시 마포구 공덕2동 404번지 풍림VIP빌딩 202호
전화번호 02-852-1977
팩시밀리 02-852-1978
블 로 그 http://blog.naver.com/mhjd2003
전자우편 mhjd2003@naver.com

I S B N 978-89-93481-79-2 03810